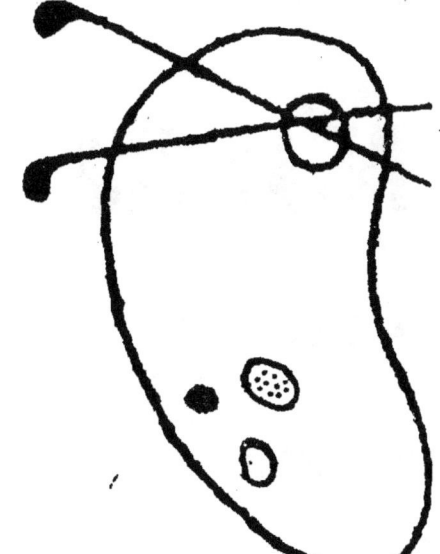

Début d'une série de documents en couleur

Couverture inférieure manquante

PHYSIOLOGIE
DU
JARDIN DES PLANTES
ET
GUIDE DES PROMENEURS,

PAR MM.

P. BERNARD ET L. COUAILHAC.

PARIS,

L. CURMER, ÉDITEUR,

49, RUE DE RICHELIEU.

ÉDITEUR, | MARTINON,
la Bourse. | Rue du Coq-Saint-Honoré, 4.

EZ LES CONCIERGES DU JARDIN.

PHYSIOLOGIE

DU

JARDIN DES PLANTES.

Paris. — Typographie LACRAMPE et Cie, rue Damiette, 2.

PHYSIOLOGIE

DU

JARDIN DES PLANTES

ET

GUIDE DES PROMENEURS,

PAR

MM. P. BERNARD ET L. COUAILHAC.

PARIS.

L. CURMER, ÉDITEUR,

49, RUE RICHELIEU, AU PREMIER.

1841.

AVERTISSEMENT

A Messieurs

LES PROMENEURS FRANÇAIS,

ANGLAIS ET ALLEMANDS.

AVERTISSEMENT.

Les étrangers qui désirent visiter le Muséum d'histoire naturelle doivent se présenter munis de leur passe-port au bureau de l'administration, où des cartes leur seront délivrées. Avec ces cartes, on est admis à visiter :

La galerie de zoologie,   (de 11   ) les lundis,
Les galeries de minéralogie,) à 3 h.   } jeudis
L'école de botanique, de 3 à 5 h.   ) et samedis.
La galerie de botanique, de 2 à 4 h., le jeudi.

Les galeries sont fermées, sans exception, les jours fériés.

Le jardin est fermé les jours de dégel.

Les personnes qui désirent assister au repas des animaux féroces, doivent adresser une demande spéciale à Messieurs les membres du conseil d'administration ; ce repas a lieu à 3 heures de l'après-midi.

Les fiacres mettent un quart d'heure pour aller

de la place du Palais-Royal à la grille d'Austerlitz, quand ils sont à la course; quand ils sont à l'heure, ils mettent environ de 25 à 30 minutes.

Les fiacres, voitures à un cheval, cabriolets, stationnent dans la rue du Jardin du Roi et à la grille d'Austerlitz. Les omnibus passent à chaque instant devant ces deux issues pour aller dans tous les quartiers de la ville, ainsi qu'aux différents embarcadères des chemins de fer.

Avant d'entrer dans la vallée Suisse, les personnes qui veulent se donner le plaisir de faire monter Martin à son arbre, doivent penser à acheter quelques petits pains.

Jours et heures auxquels on peut visiter les diverses parties de l'établissement, sans cartes.

Ménagerie, tous les jours, { de 11 à 6 heures en été. / de 11 à 3 heures en hiver.

Cabinet d'histoire naturelle, { mardis, vendredis } { de 2 à 5 heures en été. / de 2 h. jusqu'à la nuit en hiver.

Bibliothèque, de 11 à 3 h. { en été, tous les jours, sauf le dimanche. / en hiver, les mardis, jeudis, samedis

Restaurant, rafraichissements. — Messieurs les visiteurs trouvent au café qui est à l'extrémité de la galerie de minéralogie adossée à la rue de Buffon, un restaurant où l'on peut déjeuner et dîner très-confortablement. Le concierge de la grille d'Austerlitz tient des rafraîchissements doux et des gâteaux.

Des marchandes de gâteaux sont aussi dans le Jardin. Il s'en trouve *une* en face des serres tempérées, au bout de l'avenue de marronniers qui borde à droite le Jardin Bas. *Une autre* se tient dans l'avenue de marronniers parallèle à celle dont nous venons de parler.

Une *troisième* est établie sous le beau plateau qui est au coin de l'amphithéâtre, en face de la porte d'entrée de la vallée Suisse et à côté des fosses aux ours.

Deux autres enfin étalent leur marchandise aux portes d'entrée de la vallée Suisse.

Cabinets inodores: — Ils sont situés près de la grille de la rue de Buffon.

ADVERTISEMENT.

The strangers desiring to visit the Museum of natural history must present themselves with their passeport at the bureau of the administration, where tickets will be given to them. With these tickets they are allowed to see :

The galleries of zoology, } From 11 to 3 } every monday,
The galleries of mineralogy, } o'clock. } thursday
The school of Botany, from 3 to 6 oclock. } and saturday.
The gallery of Botany, from 3 to 5 o'clock, the thursdays.

The galleries are shut without exception the festival.

The garden is shut when it is thawing weather.

Persons who desire to assist at the meal of the wild beasts must ask a special permission from the members of the administration; this meal takes place at three 2 o'clock of the afternoon.

The fiacres are a quarter of an hour to go from the Place of the Palais-Royal to the gate of Austerlitz when one takes them *à la course*; but when taken *à l'heure*, they require about 25 or 30 minutes.

The fiacres and the cabriolets station in the street of the Jardin du Roi and near the gate *d'Austerlitz*. Omnibus going in every quater of the city and to the different railways pass every ten minutes before the two leading entrances of the garden.

If desirous to see the bears climb upon the tree the Stranger must buy some little akes.

Days and hours to which one can visit the various parts of the establishment without tickets.

Menage, every day, { from 11 to 6 o'clock in the summer. from 11 to 3 o'clock in the winter.

Cabinet of natural history { every Tuesday, and Friday, { from 2 to 5 o'clock in the summer. from 2 o'clock to the night in the winter.

Library, from 11 to 3 o'clock { in the summer, every day, but the sunday. in the winter, every tuesday, thursday and saturday.

Eating house and refreshments. — The visitors will find in the coffeehouse, situated at the end of the gallery of mineralogie, a coffeehouse where comfortable breakfast and dinner are to be had.

The keeper of the gate *d'Austerlitz* hold sweet refreshments and cakes.

Many merchants of cakes are established in the different parts of the garden.

The privy is near the gate of the rue de Buffon.

VORBERICHT.

Die Fremden welche das Museum der Naturgeschichte (Muséum d'Histoire naturelle) zu besuchen wünschen, müssen mit ihrem Pass auf das Bureau der Administration gehen, wo ihnen Eintrittskarten mitgetheilt werden.

Mit diesen Karten ist ihnen den Zutritt zu

Der Gallerie der Mineralogie, (von 11) den Montag, Donnerstag
Der Gallerie der Zoologie, (bis 3 Uhr) und Samstag.
Dem Botanischem-Lehgarten (école de botanique) von 3 bis 5 Uhr.

Der Gallerie der Botanick, von 2 bis 4 Uhr, den Donnerstag erlaubt.

Die Gallerien sind an den Feiertagen ohne ausnahme verschlossen.

Die Personen welche die Thiere füttern sehen wollen, müssen sich schriftlich an die Herrn Mitglieder der Administration wenden.

Das Futter wird den Thieren um 3 Uhr gegeben.

Die Fiacre fahren in einer viertel Stunde vom

Platz des Palais-Royal bis an das Gitter d'*Auster-litz*, wenn man sie auf die Fahrt nimmt; wenn man sie aber auf die Stunde nimmt, gebrauchen sie dazu 25 bis 30 minuten.

Die Personen welche die Bären auf ihren Baum klettern sehen wollen, müssen Kuchen oder Weissbrod kaufen.

Die Fiacres und Cabriolets stationiren in der Strasse des *Jardin du Roi* und neben dem Gitter von Austerlitz. Omnibus, welche durch alle Stadtquartieren und zu den verschiednen Eisenbahnen fahren, gehen alle zehn Minuten vor die zwei Haupteingänge des Gartens vorbei.

Speisehaus und Erfrischungen. — Die Herrn Besucher werden am Ende der Gallerie des Mineralogie ein Kaffehaus finden wo man gut Frühstucken und Mittagessen kann. Der Thorhüter des Gitters von Austerlitz hält süsse Erfrischungen und Kuchen.

Mehrere Kuchenverkäuferinnen sind hie und da im dem Garten niedergelassen.

Ein heimliches Gemach findet man neben dem Gitter der *rue de Buffon*.

PHYSIOLOGIE

DU JARDIN.

C'est un fait notoire que tout Paris appartient aux provinciaux et aux étrangers, ces provinciaux par excellence. Quant au Parisien, il y tient la moindre place. En vrai monarque, il fréquente seulement quelques résidences connues, et abandonne tout le reste de ses palais, de ses jardins, à la foule des curieux.

Le Jardin des Plantes, qui renferme aujourd'hui toutes les productions du globe, ne possédait qu'à de longs intervalles un Parisien véritable, un pur-sang.—Mais une récente publication va, selon toute apparence, faire cesser cette lacune inconcevable. Le *Jardin des Plantes* Curmer a déjà popularisé le magnifique établissement du *Muséum d'Histoire naturelle*; — le Parisien finira par s'y naturaliser.

Le Jardin des Plantes commence et finit par une grille, selon l'étiquette de tout lieu, de tout monument public. Après la grille, vous apercevez un factionnaire; après le factionnaire, un écriteau. Le factionnaire porte un fusil non chargé ; l'écriteau porte défense de causer aucun dégât. Si pareille défense n'est point une insulte gratuite, il est évident que nous sommes encore à demi sauvages.

Les visiteurs, entrés par la porte d'Austerlitz, parcourent d'abord rapidement les carrés des plantes usitées en médecine ; on n'est pas venu là pour renouveler connaissance avec la tisane. Et puis, quelle confiance peut-on avoir dans toutes ces plantes qui ont guéri, chacune à son tour, des affections opposées ? Le public, avant de témoigner la moindre reconnaissance, même au *Quinquina*, veut être fixé sur les services du vieux système *allopathique* et sur les promesses de l'*homœopathie;* oublieux, ingrat comme il n'appartient qu'à lui de l'être, et se tournant toujours vers le succès, absolument comme s'il n'était pas libre de faire le succès lui-même, il assiste à la lutte de la vieille matière médicale contre les *globules* ; — infusions, décoctions, potions, émulsions, il repoussera du pied toute la pharmacie, et la rejettera dans les ténèbres d'où elle est sortie à peine, si un beau jour il se met à croire qu'un malade peut être guéri avec un millième de grain de médicament.

2

En attendant l'issue de ce grand procès, persuadons-nous que nous parcourons en ce moment la partie, sinon la plus pittoresque, la plus ombragée du jardin, du moins la plus salutaire. — Respect aux émollients, aux antidotes, aux succédanés ! l'ombre de M. Purgon doit errer dans ces lieux. — C'est ici que viennent étudier les élèves des Facultés, les pharmaciens, les herboristes, tristes papillons qui ne rapportent guère parmi nous, de toutes ces feuilles, de toutes ces fleurs, que leur amertume ou leur âcreté.

Autrefois, deux carrés étaient destinés aux plantes indigènes, deux aux plantes exotiques. Cette distinction n'existe plus : toutes les plantes sont sœurs.

Aucune barrière ne défend l'entrée des carrés des herbes. Au contraire, tous les pauvres sont invités à y venir. Là, le Muséum se fait herboriste à leur intention.

Approchez, enfants souffreteux des faubourgs, qui venez, pour votre père que la fièvre dévore, pour votre mère qui se meurt, chercher les brins d'herbe dans lesquels vous avez mis, par ordonnance du médecin, votre dernier espoir. On vous distribuera gratis ce qu'il vous faudrait payer bien cher dans la boutique du droguiste. Allez maintenant, que votre foi vous porte bonheur, et vous préserve de devenir si tôt orphelins !

On raconte l'histoire d'un pauvre enfant que son père envoyait tous les jours chercher, au Jardin des Plantes, une demi-once de tabac à priser. « Le tabac est une plante; il est nécessaire à ma santé ; donc j'ai droit à la distribution gratuite des bienfaisants administrateurs; » voilà comment raisonnait ce brave homme. L'enfant faisait la commission avec exactitude, et rapportait l'objet demandé. Tout alla bien jusqu'au jour où le vieux père s'imagina d'envoyer plusieurs pratiques au Muséum. L'affaire s'éclaircit alors, et le bienfait s'évanouit. C'est un généreux employé qui, touché de la douceur et de la gentillesse du pauvre enfant, lui faisait tous les jour l'aumône, et faillit donner un grand caractère de nationalité au royal établissement dont il avait l'honneur de faire partie.

Quand on pense que le catalogue des plantes et des variétés de plantes cultivées dans le Jardin royal des herbes médicinales, en 1641, c'est-à-dire une année après l'ouverture de l'établissement, était déjà de 2,360; on n'imagine pas ce qu'il doit être aujourd'hui! Les collections du Muséum croissent avec une rapidité que rien n'arrête; et nous lisions naguère dans un document qui doit se connaître en progressions miraculeuses dans *le Budget*, que le terme moyen des augmentations de chaque année peut être évalué à 30,000.

D'après les relevés faits en 1837, les collections du Muséum se composent, pour le règne animal, de 152,000 individus ou échantillons ; pour le règne végétal, de 350,000 plantes sèches, et de 4,500 échantillons de bois, de fruits et de graines ; pour le règne minéral, de plus de 60,000 échantillons. « Depuis cette époque, de nombreux
« envois et des acquisitions ont beaucoup
« élevé ces chiffres : la progression doit en
« être fort considérable, si l'on en juge par
« les dernières années, et si l'on a égard
« aux résultats probables des relations et
« de la correspondance du Muséum. Pour
« le règne minéral, le nombre des échan-
« tillons a presque doublé depuis 1833. »

Quels trésors de matériaux ! Qu'on entreprenne de devenir savant, en présence de tant de ressources accumulées, c'est une noble ambition, on la comprend ; mais qu'on se fasse amateur !... — Au fait, il existe des hommes que le spectacle de la mer conduit à s'enrôler parmi les canotiers de la Seine. — L'ambition a des retours incroyables.

Quittons la plaine. Nous allons gravir la montagne qui domine même le jardin haut. Cette montagne, vous l'apercevez d'ici à l'horizon, qu'elle perce d'une flèche assez semblable à une plume à écrire. C'est une grande butte en forme conique, et qu'on appelle le *Labyrinthe*. Elle jouit d'une incontestable célébrité. Séduits par le mot, quelques promeneurs espèrent s'égarer, les autres se perdre tout à fait. On y voit des maris et des femmes, des maîtres et des écoliers; nous ne parlons pas des amants : il y en a partout, surtout à l'époque de l'année où l'on visite le plus le labyrinthe, c'est-à-dire au printemps et en été. Les allées, tracées en spirale, rentrant les unes dans les autres, coupées çà et là par quelques marches, donnent aux gens de bonne volonté la facilité de se tromper de chemin et de n'arriver jamais au but.

Le labyrinthe faisait, dès l'origine, partie du Jardin des Plantes; mais, jusqu'en 1795, il en resta séparé par des propriétés particulières. D'abord, il fut garni d'arbres et de plantes de nos montagnes, puis de vignes, puis enfin d'arbres toujours verts. Il est aujourd'hui une véritable école de botanique pour toutes les variétés de cette dernière espèce d'arbres. Mais, en général, on ne va pas étudier au labyrinthe.

Suivons le monde... Mais voulez-vous donner d'abord un coup d'œil aux deux arbres qui ouvrent, du côté du midi, le chemin du labyrinthe? Ce sont deux pins d'Italie. Figurez-vous les villas des environs de Rome abritées sous ces délicieuses ombrelles de feuillage; représentez-vous les cimes des Apennins couronnées d'arbres pareils. Ces pins, étiquetés *pins à pignons*, croissent dans les provinces méridionales et maritimes de la France; ils donnent des amandes dont le goût rappelle celui de la noisette, mais avec une légère saveur de térébenthine. — Vous entendrez de très-honnêtes gens préférer aux pins d'Italie nos lilas, et déclarer qu'ils n'hésiteraient pas entre les uns et les autres s'ils avaient un jardin... sur leur fenêtre.

Vous voyez bien ce grand arbre autour duquel sont assis dix ou douze individus enchantés de se tourner le dos?... C'est une des gloires de l'endroit : c'est le cèdre du Liban. Vous n'ôterez jamais de la tête des curieux ce fait inexact, que le cèdre a été rapporté dans un chapeau. Bernard de Jussieu le rapporta tout simplement d'Angleterre en 1734. On le planta, il prit, et se porta bien jusqu'au jour où il fut frappé par la foudre. Ce bel arbre d'Asie ne grandira plus ; le tonnerre lui-même, en brûlant sa cime, lui a dit : Tu n'iras pas plus haut. Grand, fort, majestueux malgré cet anathème, le cèdre du Liban reste la merveille la plus populaire du jardin. Peu de promeneurs résistent au plaisir de l'embrasser pour prendre une idée juste de sa grosseur. Chaque lieu public a son plaisir banal. Trouvez beaucoup d'individus qui ne soient pas tentés de descendre, les yeux bandés, le long du *tapis vert* de Versailles !

Arrêtez-vous encore... Apercevez-vous à mi-côte, entre le kiosque et le cèdre, une petite colonne de granit, sortant, pour ainsi dire, d'une touffe de minéraux, puis un peu d'ombre et un treillage?... Ici repose un savant, et, ce qui est bien plus, un honnête homme. *Daubenton* vécut, c'est-à-dire qu'il travailla jusqu'à plus de 80 ans ; tant qu'il lui fut permis de rester laborieux, modeste, d'enrichir incessamment la science comme les avares enrichissent leurs héritiers, sans bruit, sans ostentation, et en s'excusant de leur misère, Daubenton fut heureux; mais l'Empire l'ayant fait sénateur, Daubenton mourut.

Tenez, voici les bords de la Seine; voici la charmante vallée de la Marne; voici le dôme du Val-de-Grâce, le dôme du Panthéon, le dôme de la Salpêtrière; et plus près, ce bâtiment à fenêtres grillées, Sainte-Pélagie; plus près encore, la Pitié, avec ses six cents lits; là-bas, le cimetière du Père-Lachaise et ses quarante mille tombeaux.

Le kiosque, d'où nous découvrons tant de choses, est une espèce de petit temple à colonnes de bronze, surmonté d'une sphère armillaire, qu'accompagnait autrefois un méridien à détonation. On lit au-dessus de la porte d'entrée :

Horas non numero, nisi serenas;

ce qui veut dire mot à mot (style d'écolier) :

Je ne compte pas les heures, si ce n'est les sereines.

Cette maxime est charmante, en vérité. Malheureusement, les mauvaises heures comptent toutes seules, et figurent dans le total de notre existence pour une somme souvent considérable. Il y a plus (et nous devons cet avertissement aux étrangers), toute fraction d'heure compte avec les voitures publiques et les cabriolets de régie. M. de Buffon, auteur du kiosque et de ses illustrations, n'y pensait pas.

Puisque nous sommes au labyrinthe, vous allez sans doute nous demander des nouvelles du *Minotaure*. Nous vous présentons un marchand de lorgnettes : voilà le Minotaure civilisé de ce labyrinthe bourgeois. Il vend des lorgnettes précisément, mais il possède un télescope à l'aide duquel vous pourrez voir très-distinctement quelque bonne ménagère de l'île Saint-Louis préparant en conscience le dîner de son mari.

Le grand labyrinthe a, comme toute chose en ce monde, son diminutif. Il existe un petit labyrinthe. Autrefois, en quittant le petit labyrinthe, on rencontrait, un peu vers le nord, entre un bel érable de Montpellier et le plus beau platane qu'on puisse voir à Paris, un chalet, une blanche laiterie, où les visiteurs manquaient rarement d'aller demander une bouteille de bière. Aujourd'hui (époque anti-poétique) le chalet est converti en un café-estaminet, et a changé de place. Il est situé dans la partie du jardin la plus monotone, la moins pittoresque, la plus vide, la plus *pays plat*, celle qui fait face à la ménagerie, aux serres, aux labyrinthes, et s'étend au midi le long de la rue de Buffon.

Dans le temps de la laiterie, on lisait sur le fronton de l'établissement (le terme de *fronton* est bien solennel, mais l'inscription que nous allons rapporter n'était point non plus en langue vulgaire) :

> Hic post laborem quies, hic securs quies,
> Aer victusque salubris.
> Colle super viridi sunt ova recentia nobis,
> Castaneæ molles, pressique copia lactis.

Si vous tenez à savoir ce qu'apparemment on avait voulu dire par ces mots, voici la traduction la moins poétique, et partant la plus exacte qu'ait pu nous en donner l'Académie des inscriptions et belles-lettres, consultée à cet effet :

AU RENDEZ-VOUS DES PROMENEURS,
AIR PUR ET OMBRAGE A DISCRÉTION.

	fr.	c.
OEufs frais.	»	»
Lait.	»	»
Fromage à la crème	»	»

Vous trouverez sans doute que l'Académie des inscriptions et belles-lettres traduit avec plus de fidélité que le marchand de lorgnettes du grand labyrinthe. Cependant la conscience nous oblige à dire que deux mots (*secura quies*) n'ont pas été rendus. Mais rend-on jamais tout dans ce monde de passage et d'emprunt?

La partie du Muséum que les tigres, les hyènes, les panthères habitent, ne se nomme ni le *désert*, ni le *bois*, ni la *forêt* : elle s'appelle tout bonnement et tout tranquillement la *Vallée Suisse*. C'est un espace de 458 mètres de long sur 220 de large, compris entre la rue de Seine, le quai, la belle allée des marronniers, les serres et l'ancien amphithéâtre.

Ce fut une académie qui eut l'idée.... Vous nous interrompez, vous nous accusez d'invraisemblance; c'est un fait pourtant que l'Académie des sciences de ce temps-là soumit à Louis XIV, qui l'agréa, la proposition d'établir une ménagerie. *Versailles était déjà le séjour ordinaire de toute la cour. Louis XIV voulut enrichir le parc de son palais favori de tout ce qu'il y avait de plus beau dans le règne animal, et bientôt les espèces les plus rares furent réunies sous ses yeux.* (Extrait d'un ouvrage primitif.) — La ménagerie de Versailles alla toujours se recrutant de nouveaux hôtes pendant les règnes de Louis XV et de Louis XVI. Vint la révolution. Les faubourgs de Paris, après avoir envahi le palais et ses dépendances, oublièrent, en se retirant, de laisser un peu de nourriture aux animaux du parc, dont la plupart moururent de faim. Heureusement, Buffon et Daubenton avaient pourvu d'avance à l'immortalité des malheureuses bêtes, par la description qu'ils en avaient donnée en publiant l'*Histoire naturelle*.

Après une suite d'événements que nous avons exposés ailleurs (1), les animaux de

---

(1) *Le Jardin des Plantes de Curmer.*

Versailles, les morts et les survivants, furent amenés au Muséum, et la ménagerie commença en 1794. Un peu plus tard, la commune de Paris fit une réquisition générale de tous les animaux savants qui couraient les rues, les places, les foires, et dont la science, aiguisée par un bel appétit, inquiétait vivement les citoyens paisibles. Le cirque national garde aujourd'hui le monopole des bêtes intelligentes; elles ne courent pas les rues, et c'est à peine si, dans une promenade de deux heures sur les boulevards, on rencontre une malheureuse marmotte entre les mains d'un pseudo-Savoyard.

Le bâtiment de la ménagerie est exposé au midi. Sa façade offre vingt et une divisions ou loges pour les animaux de forte taille, et sur les ailes se déploient deux pavillons, où sont renfermés, hors des regards du public, quelques animaux qui ne sont jamais visités que par un public d'élite, celui qui a des billets ou vingt sous à donner au gardien pour entrer dans l'intérieur de la *forêt*.

Les loges de la façade sont à barreaux épais et rapprochés. L'espace que ces barreaux laissent entre eux suffit pour qu'on puisse voir et étudier les animaux, qui viennent d'ordinaire se coucher, dormir ou bâiller sur le premier plan, ce qui permet aux jolies visiteuses de se serrer contre leur cavalier sous prétexte que le tigre est bien méchant. — C'est la hyène surtout qui les fait frémir, la hyène, avec sa vieille réputation d'imiter la voix humaine, d'appeler les bergers par leur nom, d'enflammer les bergères et de déterrer les morts, la hyène, devant laquelle vous êtes toujours sûrs de rencontrer quelque usurier en contemplation. Plus loin, on voit un tigre superbe, un tigre femelle, autrement dit, dans la langue de certains amoureux, *une tigresse*. Là est le rendez-vous général des hommes sensibles ou maladroits qui ont à se plaindre des rigueurs d'une inhumaine, et qui portent le cœur en écharpe. A quelque moment que vous vous présentiez, vous trouverez là une discussion engagée entre un rentier de la rue Copeau et un sergent, sur l'éternelle question de savoir si le tigre est plus fort que le lion, et *vice versâ*. Plus loin, on admire un lion, une lionne. Qu'ils sont encore fiers! — Pauvre lion, ton humiliation est plus grande encore que tu ne pourrais croire! Si tu recevais les journaux, si tu lisais les annonces, si tu voyais que l'on te fait servir de prête-nom à une pommade, tu pousserais d'effroyables rugissements, noble animal, tu t'arracherais la crinière, et tu rougirais pour nous de la crédulité et de la calvitie humaines.

Les panthères, les jaguars, attirent toujours les pauvres vieilles femmes sensibles qui ont perdu leur chat. Elles trouvent à ces animaux une ressemblance chère et cruelle avec ceux... qui ne sont plus.

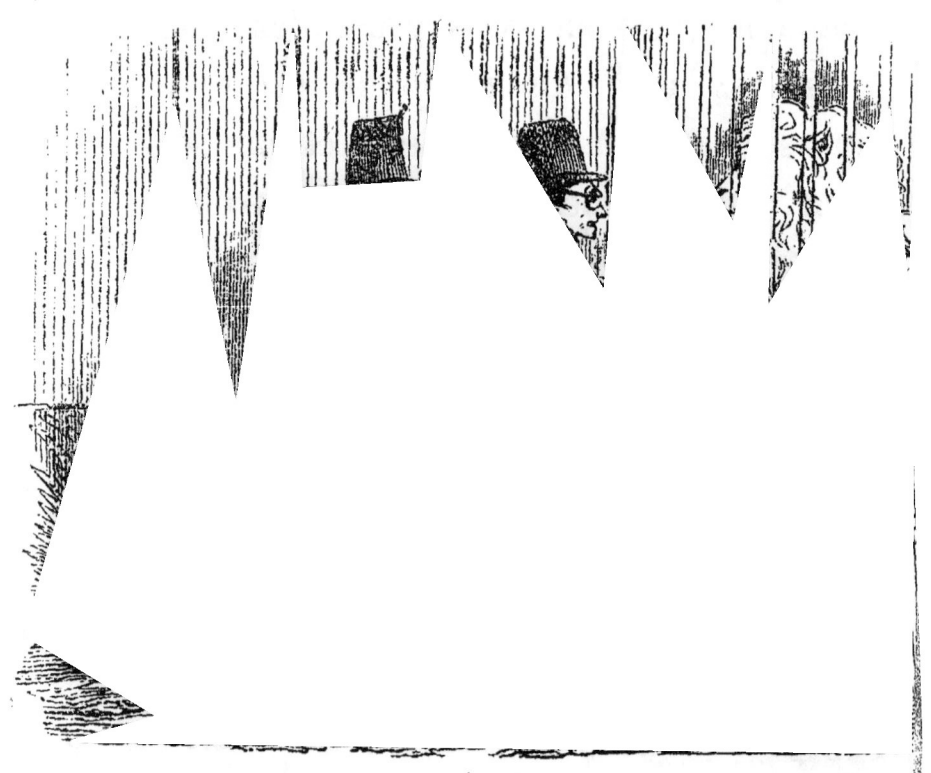

Devant les bêtes féroces stationnent, en général, les amateurs d'émotions fortes goûtées sans inquiétude. On reconnaît parmi eux beaucoup d'habitués de l'Ambigu-Comique et de la Gaieté. Ils ne manquent jamais de s'adresser à eux-mêmes, d'adresser quelquefois à leurs voisins, cette question toute philanthropique : Que deviendrait un enfant, une femme, un homme..., à la rigueur, un pauvre petit chien jeté face à face avec le plus féroce seulement de tous ces carnivores-là ? — Et alors ils assistent en idée ou bien en paroles au drame le plus *déchirant* qui ait jamais été donné sur un théâtre du boulevard du Crime. Tandis qu'ils se repaissent de lambeaux et de sang imaginaires, la hyène frémit de plaisir à la voix aimée de son gardien; le tigre prête sa tête puissante aux caresses de l'artiste qui vient de le dessiner, de le défigurer peut-être; le lion joue avec un tout jeune chien de ses amis, et se laisse mordre les pattes et les oreilles; l'ours de Russie envoie des baisers à la bonne d'enfants qui lui a jeté un morceau de sucre.

La grande rotonde est le monument de la vallée suisse, elle n'est surmontée d'aucune station de l'immortalité; mais elle n'en est pas moins l'asile des animaux les plus célèbres : aujourd'hui vous y verrez la girafe. Présent du pacha d'Égypte, la girafe, originaire du centre de l'Afrique, a daigné s'habituer à notre climat tempéré. Elle arriva en 1826, pendant que se jouait l'acte le plus chaud et le mieux intrigué de la comédie de quinze ans, et fit une concurrence désastreuse aux meilleurs comédiens de ce temps-là. Elle toucha du premier pas à la plus grande popularité : — il y eut des étoffes à la girafe, des tabatières à la girafe, — des pâtisseries à la girafe, et son nom fut adopté comme sobriquet par les gamins de Paris, ce qui est un insigne honneur.

Le libéralisme essaya de le débaucher ;

et, parmi les innombrables pamphlets de cette époque militante, parurent des *lettres à la girafe*, qui sont dues à la plume de l'un des ministres les plus graves qu'ait jamais eus la monarchie de Juillet. Mais, en définitive, la girafe est restée, dans l'opinion publique, une chose de la Restauration; elle est aujourd'hui compromise à ce titre. Quelques individus persistent à penser qu'elle est *jésuite*, et ne la voient pas sans une certaine répugnance. Le peuple de Paris croit savoir que Charles X n'a fait venir cet animal au long cou, à la démarche niaise et dolente, qu'afin de l'endormir, lui, peuple bon et confiant! C'était un nouveau cheval de Troie qui portait l'absolutisme dans son sein! Combien aurait-il fallu de girafes pour faire passer inaperçues les ordonnances de juillet? Voilà une question digne d'occuper un secrétaire d'État sous un roi qui n'aimerait que les contre-révolutions!

Quoi qu'il en soit des soupçons qui planent encore sur la girafe, on n'a pas songé à l'expulser du Jardin des Plantes comme quadrupède mal pensant, ou du moins à exiger d'elle le serment officiel. Eh, mon Dieu !... sa place est si bonne, et, en amour comme en politique, il est si facile de jurer !

Le Muséum a beaucoup possédé et beaucoup perdu en matière d'éléphants mâles et femelles. On en a vu de gigantesques à la ménagerie; on en a élevé de tout jeunes, nous n'osons pas dire de tout petits.

L'éléphant peut vraiment se plaindre de la nature; elle l'a fort mal habillé, et n'a pas mieux pris ses mesures avec lui que ne le ferait un tailleur de capotes à l'usage de l'infanterie de ligne.

Cet animal semble un énorme démenti donné à tous les préjugés humains. — Il a peu de cervelle et beaucoup d'esprit, beaucoup de graisse et peu de lourdeur, les moyens de tout rompre, et nulle envie d'en user; il est toujours sale, et se baigne incessamment.

Quel singulier spectacle que celui de l'éléphant au bain ! il surnage comme un arbre de liége. Figurez-vous un bain de famille pris par des éléphants dans la baignoire du Muséum.

Rien ne montre mieux combien le peuple romain était un grand peuple, que ce simple fait historique : les Romains avaient dressé des éléphants à danser sur la corde roide. Quelle force, mon Dieu! nous voulons parler de celle de la corde. Le génie des Romains n'est pas moins étonnant. Une nation qui sait s'approprier des divertissements de baladins de cette taille, mérite toute l'admiration de la postérité! Les grandes voies militaires, le pont du Gard, la ruine de Carthage, la colonne Trajane, mille batailles et la conquête du monde ne pèsent rien à côté de l'éléphant banquiste et saltimbanque.

Maintenant se présente le chameau. Respect à la sobriété, à la douceur, à la complaisance incarnées ; trois fois respect à la réputation modèle, compromise, avilie et malheureuse. Le chameau est le commissionnaire du désert ; seulement il ne demande jamais de pourboire, et reçoit à genoux le fardeau dont il vous plaira de l'accabler. — Trouvez donc des serviteurs si dociles, aujourd'hui que le garçon de café vous fait attendre votre bifteck pendant une demi-heure pour bien protester contre votre tyrannie, et qu'un cocher de fiacre n'arrête sa voiture devant vous qu'après vous avoir éclaboussé, afin de bien constater qu'il est votre égal.

Non loin de la rotonde, vous apercevrez la gazelle. Il y a quelques années, la gazelle fut l'un des lions de la publicité parisienne;

on lui fit une réputation politique dans les journaux, parce qu'elle vivait en commerce particulier avec l'un des plus célèbres hommes d'état de ce temps-ci. Aujourd'hui l'homme d'état s'adonne tout entier à la politique tout entière, et la gazelle est retombée dans son obscurité : il ne lui reste de sa grandeur éphémère que beaucoup de modestie et de discrétion ; ce n'est pas ordinairement ce qui reste à ceux qui ont passé par là.

Voici le héron au long bec. On dit que grand nez n'a jamais gâté beau visage... Nous le croyons bien... Des nez de cette taille-là ne peuvent rien gâter ; ils absorbent tout.

Dieu ! quelle guerre ! comme dit Bonaparte dans Béranger. — Ce sont deux béliers qui se battent sur une planche jetée en manière de passerelle entre deux tréteaux. Pour s'attaquer, ils prennent leur mesure, leur élan : ils baissent la tête, s'élèvent leurs pieds de derrière, et retombent front contre front, faisant retentir l'air du choc de leurs cornes ; c'est ainsi que les figurants du Cirque-Olympique, dans un drame moyen âge, remplissent les coulisses et la salle du bruit que tirent leurs lances de bois de leurs boucliers de carton. Parfois ces braves animaux semblent faire eux-mêmes la parade ; leur courage est morne, ils ont, au plus fort de la mêlée, l'oreille pendante, l'œil sans feu. Le spectateur ne se sent pas plus ému de cette lutte que de celle de ces deux paillasses qui, sur les tréteaux de la foire, se donnent, pour amuser la galerie, des soufflets à poing fermé, et des coups de pied à toute destination.

Déployer aux yeux de ses admirateurs toutes les richesses que lui a données la nature, est chez le paon un usage antique et solennel, et plus on le regarde, plus il se pavane et fait la roue. Les paons semblent rester au monde pour prouver l'éternelle vérité de ce vers-proverbe :

Un sot trouve toujours un plus sot qui l'admire.

Les badauds se pressent devant son théâtre, et il donnerait représentation du matin jusqu'au soir, qu'il aurait son parterre toujours garni de spectateurs. Le dindon, ce gallinacé fameux, nous a paru briller là par son absence. Il est commun, nous le savons, mais au marché ! Beaucoup de citadins n'ont jamais vu de dindon paré de ses plumes. Et puis, enfin, cet oiseau est étranger ; il est originaire d'Amérique, et, à ce titre, il mérite bien les honneurs que nous refusons à ses bons services. — On aimerait à observer les allures de quelques individus sauvages. — Le dindon est vain, mais il est brave ; et peut-être que la stupidité de ceux que nous connaissons tient à leur état de servitude.

L'autruche a un estomac proverbial. On dit : c'est un estomac d'autruche, pour désigner un homme qui digère tout, même les cailloux et la salade de homard. Il aurait véritablement un estomac d'oiseau-chameau, celui qui avalerait le matin une demi-douzaine d'œufs pondus par cet animal équivoque. Il est admis qu'un œuf d'autruche vaut un quarteron d'œufs de poule. En vérité, l'autruche pond des omelettes.

Que pourrions-nous vous raconter à propos d'oiseaux de proie ; demandez aux perroquets, leurs voisins, de vous en dire quelque chose.

Parmi les perroquets, on voyait naguère un merle blanc, cette perle, ce grand symbole des mystifications, des choses impossibles. —Le gouvernement l'aura donné sans doute en retour des assurances amicales de toutes les puissances.

Des cages des oiseaux de proie à celles des serpents, il n'y a qu'un pas. Les serpents occupent l'ancienne singerie, le plus vieux bâtiment peut-être du lieu, et, dans tous les cas, le plus noir et le plus humide.

Le Muséum possède deux boas. — Cette espèce n'est point venimeuse; — elle n'empoisonne pas, elle étouffe sa victime. — Le gardien de ces reptiles est souvent mordu par eux, lorsque, vers midi, quand le soleil est chaud, il les prend pour les réunir dans une cage commune, au milieu de laquelle s'élève une branche d'arbre qu'ils se plaisent à envelopper de leurs mille replis. — Lorsque le boa essaie de s'enrouler autour du gardien pour l'étouffer, celui-ci s'efforce de saisir la queue du reptile et emploie toute sa force à la maintenir. C'est avec son extrémité inférieure, en effet, que le boa prend son point d'appui; — ce point empêché ou détruit, ses efforts sont impuissants et se consument à faux. — Tout Paris a eu connaissance des couches récentes du boa femelle; la mère et les enfants se portent bien.

Le *palais* des singes, cette construction si légère, si gracieuse, destinée à une espèce si légère et si peu gracieuse, date de 1835, époque où l'administration en a fait commencer les fondations et les caves; — car les singes ont des caves. (Si M. Anguis le savait!)

L'homme s'est flatté, dans tous les temps, que le singe affectait d'imiter ses attitudes, ses gestes, ses actes. En vérité, la priorité serait fort difficile à établir. Nous croyons que l'homme aurait plutôt appris du singe à danser sur la corde, à grimper aux arbres, et à faire la culbute. Si la perfection d'un exercice en doit indiquer l'inventeur, le singe a des titres incontestables. — Au fond, le singe n'imite pas plus nos manières qu'il n'a pu imiter notre structure, la disposition des doigts de notre main. — Il y a, entre nous et lui, des analogies d'organisation ; — voilà tout. — Il n'imite pas, il agit, et de moyens semblables il tire des effets voisins.

Nous imiter ! lui ; et pourquoi faire ? Voyez donc si une réunion de singes au Jardin des Plantes n'est pas cent fois plus animée, plus joyeuse, plus *heureuse d'être*, enfin, que société égale de bourgeois aux Tuileries ? — Est-ce qu'ils se passent en revue les uns les autres ? — Est-ce qu'ils se condamnent à l'immobilité, à l'ennui, sous prétexte de bon ton ? — Est-ce qu'ils se guindent en vue d'un effet problématique ? — Non, non, braves humains, les singes ne vous imitent pas. — Ils sont trop rusés, trop fins, pour connaître cette vieillerie surannée qu'on appelle la diplomatie. — Ils ont la physionomie expressive. — Ils vous font la grimace en face et à votre barbe. — Ils sont souples, et ne se courbent pas devant des imbéciles, en vertu de conventions qu'ils n'ont pas faites. — Ils sont gourmands, mais ils ne se mangent pas les uns les autres. — Quelquefois, enfin, ils osent s'associer dans l'intérêt commun, et résister à un ennemi plus fort ou plus nombreux. — Les singes ne vous imitent pas. — Le terrain de la singerie est disposé en amphithéâtre, afin que tout le monde puisse voir le spectacle. — De cette foule, moitié assise, moitié debout, partent de continuels éclats de rires, des acclamations, des bravos. — Les singes s'amusent beaucoup de la gaieté de leurs admirateurs.

Le proverbe dit : Il y a plus d'un âne à la foire qui s'appelle *Martin*. Au Jardin des Plantes, il n'y a qu'un seul ours qui s'appelle Martin ; cet ours change de chair et d'os, mais ne meurt pas.

Martin, c'est en effet l'ours éternel. Depuis trente ans, le nom de Martin passe d'ours en ours comme un nom de famille. On pourrait déjà compter les Martin : Martin Ier, Martin II. Autant s'appeler Martin XIV, après tout, que Vilain XIV.

Nous ne pouvons que gémir de cette prostitution du nom de Martin. Le premier qui le porta, qui le mérita, fut un ours des plus distingués, un ours qui florissait du temps de M. Elleviou, et qui vécut jusqu'aux premières années de la Restauration. Sa gentillesse était telle, que l'on n'avait cru pouvoir mieux l'en récompenser qu'en lui donnant le nom d'un homme, et il s'en montrait fier et reconnaissant.

Aujourd'hui, le premier ours venu, c'est Martin. Faites-vous donc un nom, rendez-le célèbre, pour que la stupide postérité le donne à tous vos successeurs, sans distinction. Martin, le vrai Martin, attrapa l'immortalité en grimpant à l'échelle, ou, comme le disent les flâneurs du Jardin des Plantes, *en montant à l'arbre*. Il est l'inventeur du genre, et, à ce titre, on aurait dû respecter sa gloire.

En biographes consciencieux, nous ne voulons pas dissimuler les taches qu'il peut y avoir sur ce soleil. Martin a déshonoré la fin de sa vie par deux vilaines actions : Martin a mangé deux hommes, dont un vétéran. Nous savons bien que le vétéran chargé de garder Martin avait violé sa consigne, et que l'ours ne fit que l'y rappeler d'une manière un peu rude. On pourra nous objecter aussi que Martin était devenu vieux, morose, sauvage, et qu'il était aigri par l'injustice des hommes qu'il prévoyait déjà. — Deux hommes, enfin, c'est peu, sans doute; mais deux pareilles digestions, c'est beaucoup.

Les successeurs de Martin, fidèles aux traditions qu'il a laissées, montent à l'arbre pour un morceau de pain, pour un gâteau; mais nous vous assurons qu'ils se donnent moins de mal, en définitive, que ceux qui les y font monter.

Tout ce que nous aurons à visiter encore est bien sérieux : *le Cabinet d'Anatomie comparée*, vaste ossuaire. Viendra-t-il jamais le temps où les progrès de la chirurgie permettront de choisir dans ces catacombes des tibias, des péronés de rechange pour les individus qui auront perdu leurs membres?

Vous parler minéralogie, autant vaudrait vous jeter des pierres à la tête. D'ailleurs rien ne pourrait suppléer à l'examen attentif des documents que le Muséum a mis sous vos yeux. Nous rappellerons simplement ici cette grande division des terrains en terrains primitifs ou antérieurs à l'existence des êtres organisés, en terrains intermédiaires ou de transition, en terrains secondaires, contenant des débris de végétaux et d'animaux, en terrains tertiaires (le terrain des environs de Paris est tertiaire), en terrains de transport ou d'alluvions, en terrains volcaniques. On dit que beaucoup de gouvernements sont assis sur ces derniers.

Le Cabinet d'Histoire Naturelle est à l'histoire naturelle ce qu'un herbier est à la botanique, l'embaumement à la vie. Quel attrait elles conservent encore à toutes ces curiosités empaillées, emplâtrées! quelle importance a donc la forme, puisque, morte et contrefaite, nous lui trouvons tant d'intérêt!

Le père de famille qui a conduit son fils au Cabinet d'Histoire Naturelle ne manque jamais de s'arrêter devant le pélican, et là, de lui dire du ton le plus pénétré : « Vois, mon fils, un animal qui se perce les flancs pour alimenter ses enfants ! » Si l'enfant a du naturel, il pleure ; et puis après il conclut en criant : « Eh bien, paie-moi un gâteau, na. » Enfant logique, mange, car tu es plein d'avenir.

Les enfants aiment, d'ailleurs, à partager avec les animaux ; et jamais ils ne sont moins gourmands qu'en présence de l'éléphant, des ours, etc. Au camarade qui leur demanderait une miette, ils donneraient... des coups ; à l'animal, qui ne peut que désirer, ils prodiguent les morceaux. De grands philosophes, auxquels l'État alloue de beaux traitements et prête des appartements très-supérieurs au palais des singes lui-même, ont voulu expliquer ce phénomène ; et, selon l'usage, ils n'ont réussi qu'à ajouter un chapitre au chapitre si connu du *moi* et du *non-moi*. Les bonnes d'enfants, qui pensent à leurs frais, rendent compte du fait, en disant que cela amuse les enfants.

L'idée n'est pas déjà si mauvaise ! Le plaisir est, en effet, la simple et grande explication du monde entier.

Le plaisir... oui, et l'habitude qu'il ne faut pas oublier. Pourquoi viennent-ils tous les jours, fêtes et dimanche, tous ces petits rentiers, tous ces gros pensionnaires de la rue Copeau ? parce qu'ils en ont pris l'habitude. Chacun d'eux a une véritable importance botanique, en ce sens qu'il prouve incontestablement que l'homme peut prendre racine. Ces vénérables habitués ne vivent-ils pas chaque jour à la même place, sur le même banc ? — Laissez-les aujourd'hui, vous les retrouverez demain ; et, s'il pleut, vous les retrouverez épanouis ; ils auront ouvert leur corolle ; leur corolle, c'est leur parapluie.

Voici les portes de l'établissement qui se ferment ; les gardiens nous invitent à sortir. Le Jardin des Plantes est un lieu charmant, sans doute ; mais il ne faut pas en abuser ; c'est l'avis de ce gamin qui va nous aller chercher un fiacre. Un des gardiens lui dit : « Ah çà, est-ce que tu veux coucher à la ménagerie, polisson » ; et le gamin répond spirituellement : « *Pas si bête !* »

HISTOIRE NATURELLE

GUIDE

DES

PROMENEURS.

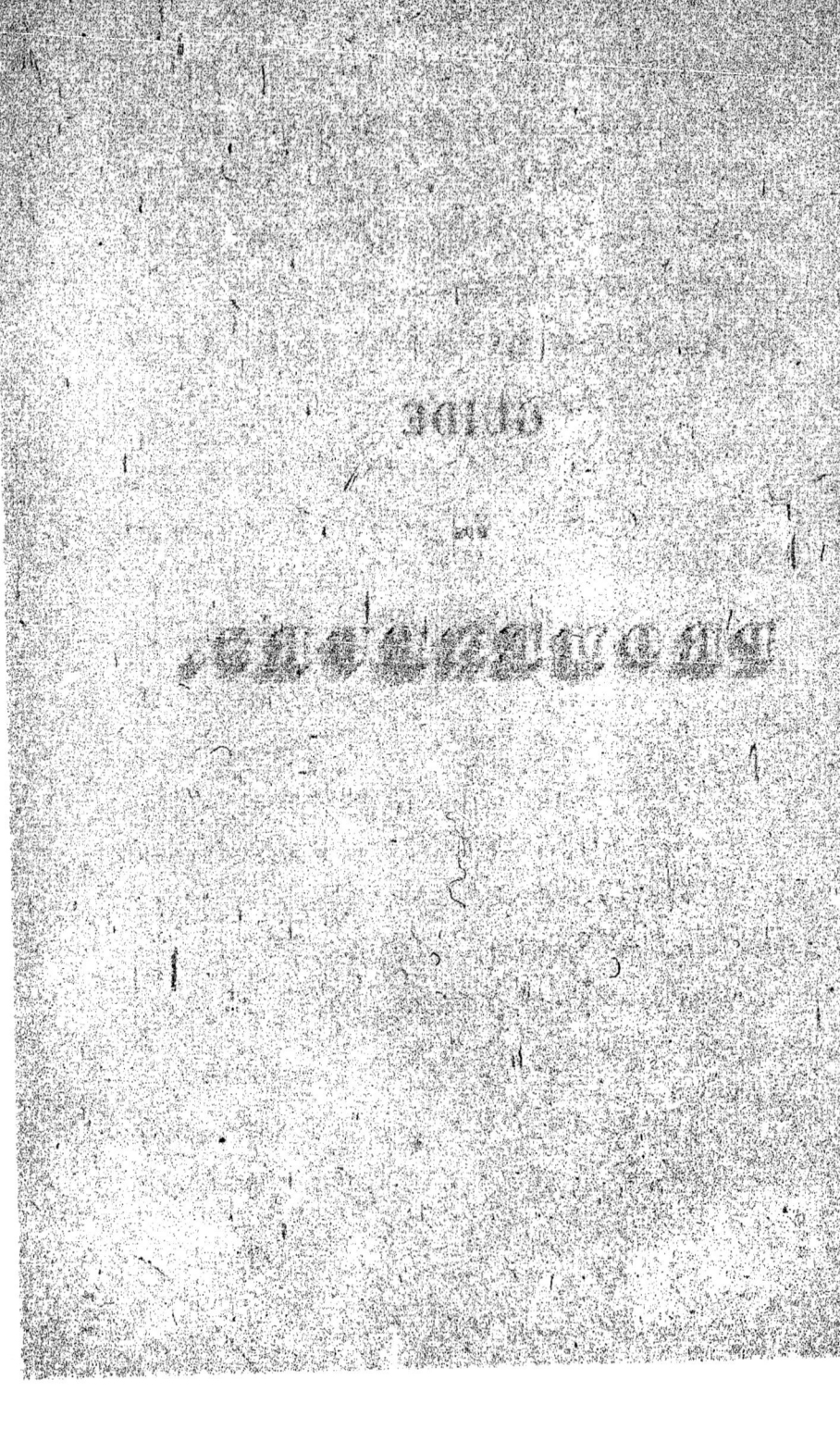

MUSÉUM

D'HISTOIRE NATURELLE

ET JARDIN DU ROI.

FONDATION. — Un *jardin des plantes médicinales*, fondé par Louis XIII, en 1635, et un *cabinet de curiosités naturelles*; telle est l'origine de cet établissement, qui reçut le titre de Muséum d'histoire naturelle, par une loi du 23 juin 1793.

C'est dans le courant du dix-huitième siècle, et principalement par les soins de Buffon, que cet établissement a embrassé les diverses parties de l'histoire naturelle. Il renferme aujourd'hui toutes les productions du globe.

Hérouard et Gui de la Brosse ont conçu l'idée et le plan du jardin. Son développement et son accroissement successifs sont dus au zèle scientifique de Fagon, Tournefort, Vaillant, Bernard de Jussieu, Antoine et Laurent de Jussieu, Lessory, Winslow, Duverney, Dufay, Buffon, Daubenton, Thomas Portal, Antoine Petit, Desfontaines, Fourcroy, Rouelle jeune, Brongniart, Vicq-d'Azir, Bernardin-de-St.-Pierre, Lacépède, Cuvier.

Glorieuse liste de savants dont la France s'énorgueillit, et dont elle voit les mérites se perpétuer dans les administrateurs actuels du Muséum.

Étendue. — Le jardin contenait à son origine 24 arpents de terrain; deux voiries l'avoisinaient. Aujourd'hui, il occupe plus de 84 arpents, non compris les terrains et dépendances situés hors de son enceinte dans la rue de Buffon et dans l'ancien enclos Saint-Victor.

Utilité et agrément. — Le Jardin des Plantes est pour les naturalistes ce que le Louvre est pour les artistes : un théâtre immense, un atelier, une école. Dans un espace comparativement limité, le maître et l'élève, le savant et l'amateur trouvent rassemblées toutes les productions de la nature. Ils peuvent acquérir sans sortir de l'enceinte de la capitale, et gratuitement, des connaissances qu'avant la fondation du Muséum, il fallait aller chercher au delà des mers, avec une grande dépense de temps et d'argent. On écrirait des volumes sur les progrès dont la science est redevable à cet établissement. La facilité qu'il offre d'étudier et de comparer tous les animaux, les végétaux et les minéraux connus a été la source d'une foule de découvertes utiles aux arts et à l'industrie. Mais cet établissement, l'un des plus utiles de la capitale, en est en même temps l'un des plus agréables. Qu'y a-t-il en effet de plus attrayant que l'aspect de ce jardin, où toutes les plantes confondent leurs feuillages, marient leurs couleurs, mêlent leurs parfums ; où le cèdre du Liban donne la main au sapin des Alpes, où la tige souple du palmier d'Afrique salue les mimoses de la Nouvelle-Hollande ; où le lion de Sahara rugit à côté de l'ours du pôle, où le chamois de la Suisse bondit à côté de la gazelle d'Arabie ? Vous vous croyez en Égypte, faites un pas, vous serez au Japon. Avancez encore, et vous vous trouverez au Brésil, au Sénégal, à Java. Ici, c'est la girafe ; là, c'est l'éléphant. Plus loin, le roi des oiseaux, l'aigle, lève sa tête majestueuse ; des gypaètes, des vautours, des condors semblent former sa cour et lui rendre leurs hommages. Aucun lieu du monde ne présente plus de moyens d'instruction joints à plus d'agréments.

RICHESSES. — Le Muséum possède la plus magnifique collection des trois règnes de la nature. Nous indiquerons au commencement de chaque division le nombre d'objets qui en font partie. Il suffira de dire ici que le terme moyen des augmentations de chaque année peut être évalué à 30,000 objets. Indépendamment des objets d'histoire naturelle, le Muséum renferme une collection de modèles d'instruments aratoires et d'horticulture.

§ I. PERSONNEL.

	fr.
Traitement de quinze professeurs à 5,000 f.	75,000
— d'un bibliothécaire, à	3,000
— de deux maîtres de dessin à 2,000 fr.	4,000
Traitement de quatorze aides-naturalistes, de 1,500 à 2,700 fr.	26,400
Traitement de dix-huit préparateurs, de 750 à 1,000 fr.	21,600
A reporter	130,000

Report...	130,000
Traitement de soixante-quatorze employés et gens de service, de 800 à 3,000 fr.	89,650
Gratifications aux employés ayant moins de 1,800 fr.	3,000
Traitement de huit voyageurs naturalistes	25,000

§ II. Matériel.

Galeries.	97,200
Jardin.	41,900
Ménagerie.	47,000
Ateliers et entretien.	26,800
Chauffage, éclairage, frais divers.	18,600
Total.	479,150

PROMENADES.

DIVISION DU TERRAIN.

Jardin Bas. — Il s'étend en face du visiteur depuis la grille d'Austerlitz jusqu'au Cabinet d'histoire naturelle, qui borne la vue. A droite et à gauche sont deux grandes allées de tilleuls dont la première cache les nouvelles serres; derrière la seconde avenue qui donne sur la rue de Buffon, se trouvent les nouvelles galeries de minéralogie et la bibliothèque.

Le premier carré est consacré aux plantes médicinales indigènes et exotiques. Son entrée est toujours libre aux promeneurs.

Viennent ensuite les écoles de botanique, les carrés du fleuriste, les carrés creux, la pépinière, les semis de la pépinière, les carrés des plantes usuelles, et enfin les carrés Chaptal.

Jardin Haut. — Il comprend les deux labyrinthes et l'amphithéâtre. Il est borné à l'ouest par la rue du Jardin-du-Roi, au nord par la rue Cuvier, à l'est par la Vallée Suisse et au sud par les serres.

Vallée Suisse. — Elle est située entre le quai Saint-Bernard à l'est, la rue de Seine au nord, le Jardin Haut à l'ouest, et l'avenue qui borde le Jardin Bas au sud.

Elle renferme : la MÉNAGERIE DES BÊTES FÉROCES, la ROTONDE DES RUMINANTS, le PALAIS DES SINGES, la VOLIÈRE DES OISEAUX CARNASSIERS, la FAISANDERIE, les FOSSES DES OURS et les PARCS DES BÊTES FAUVES, DES BÊTES A CORNES ET DES OISEAUX.

En dehors de ces trois divisions, il existe des bâtiments longeant la rue Cuvier, et contenant un *Cabinet d'anatomie comparée*, une *Ménagerie de reptiles*, etc. Les bâtiments de l'administration se trouvent dans la même direction.

GRANDES ENTRÉES. — *Jardin Bas.* — 1º Par la grille d'Austerlitz faisant face au pont du même nom. Cette grille est l'entrée principale du jardin.

2º Par la rue du Jardin-du-Roi, nº 18, au coin de la rue de Buffon, et presque vis-à-vis des rues d'Orléans et Censier.

Jardin Haut. — 1º Entrée au coin de la rue du

Jardin-du-Roi et de la rue Cuvier, au carrefour de l'hôpital de la Pitié, au bout de la rue Saint-Victor.

2º Entrée au milieu de la rue de Seine conduisant aux bâtiments de l'administration, derrière l'ancien amphithéâtre.

Vallée Suisse. — Entrée récemment ouverte sur le quai Saint-Bernard, au coin de la rue Cuvier.

ITINÉRAIRE.

—»»»❊«««—

Le visiteur a le choix d'entrer par la grille d'Austerlitz, la grille Saint-Bernard, ou les grilles de la rue du Jardin-du-Roi; mais la grille d'Austerlitz étant l'entrée la plus majestueuse à la fois et la plus commode pour la distribution de la promenade, nous la prendrons pour point de départ de notre itinéraire.

ITINÉRAIRE
PAR LA GRILLE D'AUSTERLITZ.

Si vous arrivez par le pont, le péage est de cinq centimes par piéton, quinze centimes par cabriolet y compris les voyageurs, vingt centimes par voiture à quatre roues et à un cheval, vingt-cinq centimes par voiture à quatre roues et à deux chevaux.

L'entrée du jardin est fermée par une belle grille flanquée de deux pavillons ; celui de droite sert d'habitation au concierge.

VUE DE LA GRILLE.

La grille est ouverte :

En été à 6 heures
En hiver à 7 heures
jusqu'à la tombée de la nuit.

Sans exception pour les étrangers.

Les carrés qui font face au visiteur à son entrée dans le jardin, sont les carrés de botanique. A droite et à gauche s'étendent deux grandes avenues de tilleuls ; au fond, le Cabinet d'histoire naturelle.

VUE DU CARRÉ DES PLANTES.

Il faut tourner immédiatement à droite, et traverser une allée d'ormes au bout de laquelle est située l'entrée de la Vallée Suisse.

Vallée Suisse. — La Vallée Suisse est ouverte au public :

En été, de 11 heures du matin à 5 heures du soir.
En hiver, de 11 heures du matin à 4 heures du soir.
Sans exception pour les étrangers.

La première allée qui se présente au visiteur en entrant dans la Vallée Suisse, incline un peu à droite. De ce côté est un enclos habité par un *Bélier de Barbarie* ; de l'autre, un parc de bêtes fauves.

Loges des animaux féroces. — En face s'élève le palais des animaux féroces, flanqué de deux pavillons, et divisé en 22 loges.

Les animaux féroces sont visibles pour le public :
En été, depuis 11 heures jusqu'à 3.
En hiver, lorsque le temps le permet.

Les loges des animaux féroces sont d'une grandeur double de celle qui est visible pour le public. Quand vient l'heure du repas, le gardien ferme la loge de devant et ouvre celle de derrière, où ces terribles hôtes trouvent leur nourriture.

Les personnes qui sont porteurs de billets de l'administration et de médailles, peuvent entrer dans la ménagerie et voir les animaux logés dans les deux pavillons; ce sont des chacals, des renards et des civettes.

LOGES DES ANIMAUX FÉROCES.

Le moment préférable pour voir les animaux est celui de leur repas, qui a lieu à 3 heures.

Dix ans sont le terme moyen de la vie des animaux en réclusion. Il y a des exceptions pour les individus nés à la ménagerie.

La population des 22 loges est très-variable, mais on y remarque toujours des lions, des tigres, des chacals et des ours.

Derrière l'habitation des animaux féroces se trouve le chenil où l'on tient des chiens rares et curieux. Un bâtiment contigu sert d'abattoir et d'hôpital.

Les gardiens ne bornent pas leurs soins à la nourriture et à l'entretien des animaux; ils sont encore chargés de recueillir des observations sur leurs mœurs, sur les effets du climat et sur l'influence de la réclusion.

Après la visite de la ménagerie, il faut faire le tour du parc n° 30, divisé en deux parties dont l'une contient les *Cerfs* et les *Cochons de l'Inde, mâle et femelle*, et l'autre le *Dauw mâle*. On observera les parcs 32, 29 et 28 : le premier, réservé à des bêtes fauves; le second, aux *Rennes de Laponie*; et le troisième aux *Chèvres naines* et aux *Moutons d'Islande*. On reviendra au point d'où l'on était parti, puis, en suivant l'allée qui longe le parc 26, consacré aux *Daims communs*, on arrivera au palais des singes.

Singerie. — On peut, avec un billet, visiter l'intérieur de la singerie aux heures où les singes ne sont pas dans la rotonde. On parcourt un corridor sur lequel donnent les loges occupées par une grande variété d'espèces.

Les singes sont lâchés dans la rotonde à 11 heures en été.

SINGERIE.

En hiver ils ne sortent pas.

Le parc attenant à la singerie renferme des *Béliers* et des *Chèvres à longue laine d'Algérie*.

Après avoir visité les singes, il faut continuer la promenade par l'allée à droite en longeant le parc n° 31, *Cerfs de Virginie*, puis un terrain encore inoccupé et un enclos où se tient le *Kob du Sé-*

négal. En prenant encore à droite, on arrive à la volière des *oiseaux de proie*.

FAISANDERIE DES CARNASSIERS.

Oiseaux de proie. — Cette volière est ouverte en tout temps.

Les espèces qu'on y voit communément sont des aigles, des gypaètes, des vautours, des condors et des milans. Au milieu de la volière se trouve une case occupée par les perroquets et quelques autres espèces plus ou moins rares, qui sont l'objet de soins particuliers

L'heure la plus intéressante pour visiter ces oiseaux est celle où on leur distribue leur nourriture (3 heures).

Faisanderie. — En continuant l'allée qui fait suite à la volière des oiseaux de proie et en tournant à gauche, le visiteur parvient à la faisanderie, où il peut remarquer une foule d'oiseaux curieux et intéressants, et entre autres un magnifique *Paon blanc*.

Au bout de la faisanderie et à gauche est situé le parc des *Tortues de terre et de mer*. Près de ce parc s'élève une cabane destinée aux oiseaux de basse-cour, et plus loin un superbe châtaignier.

A cet endroit, le promeneur doit sortir de l'enceinte de la Vallée Suisse, et se diriger à droite pour visiter les *reptiles vivants*.

Reptiles. — Ils sont visibles :

En été, de 11 heures jusqu'à 5.

En hiver, de 11 heures jusqu'à 4.

(Avec billets.)

On remarque, entre autres individus, le *Python à deux bandes*, le *Serpent à sonnette gris*, le *Serpent à sonnette vert*, deux *Crocodiles*, deux *Tortues éléphantines*, etc.

Après avoir vu les reptiles, le visiteur doit rentrer dans la Vallée Suisse par la porte d'où il en était sorti, et continuer, à droite, l'allée qu'il avait quittée.

Il remarquera les parcs n° 35, *Casoar de la Nouvelle-Hollande*, et la *Grue de Numidie*; n° 34, *Chamois des Alpes*, et n° 39, *Bêtes fauves*.

Cabinet d'anatomie comparée. — Il sortira encore une fois de la Vallée Suisse pour visiter le *Cabinet d'anatomie comparée*, dont la porte se trouve en face de lui. Cette porte est fort élevée. Le vestibule est orné de côtes de baleine. Dans la cour à gauche, se trouve un squelette de cachalot.

Les galeries du Cabinet d'anatomie comparée sont visibles, en été et en hiver, de 11 à 2 heures, les lundis et samedis.

Ces galeries sont divisées en quinze parties ou salles. C'est aux soins de George Cuvier que le Muséum doit cette belle collection, que MM. Rousseau et Laurillard entretiennent avec un zèle infatigable, et enrichissent constamment de nouveaux sujets.

Au rez-de-chaussée, la première pièce contient des squelettes de chevaux, de zèbres, de rhinocéros, de sapirs, etc. La salle suivante renferme des squelettes d'éléphants, d'hippopotames, de girafes, d'ours, d'hyènes, de lions, de tigres, de dauphins, de lamentins, de morses, de baleines, etc. Trois pièces contiguës renferment les squelettes des ruminants, tels que diverses espèces de bœufs, d'antilopes, de dromadaires, de lamas, etc.

En revenant dans la grande salle que l'on traverse, on entre dans une pièce consacrée à l'ostéologie humaine; on y voit une foule de squelettes curieux, entre autres celui de la *Vénus Hottentote*, et celui du célèbre nain *Bébé*.

Au mur de l'escalier qui conduit au premier étage sont suspendues des têtes de différents animaux.

Les deux premières salles à droite contiennent une collection de têtes de mammifères, d'oiseaux et de reptiles.

Les armoires de la troisième et de la quatrième salle renferment les squelettes des quadrupèdes de petite taille, d'un grand nombre d'oiseaux et de reptiles.

La sixième salle est consacrée à la myologie, c'est-à-dire à l'étude des muscles. On y remarque la statue d'un homme écorché, peinte de couleur naturelle.

Dans la septième salle sont les organes de la sensibilité; dans la huitième, les viscères et surtout ceux qui exécutent les fonctions de la digestion; dans la neuvième, on voit les organes de la circulation ; et enfin, dans la dixième, une série de monstres et de fœtus.

Les personnes qui ont de la répugnance pour les cadavres, sont prévenues qu'elles ne doivent pas monter au second étage.

En sortant du Cabinet d'anatomie comparée, le visiteur continuera le chemin à droite en longeant le parc n° 39, *Alpaca femelle*, jusqu'à ce qu'il se trouve à la porte de la Vallée Suisse qui donne sur la rotonde de l'amphithéâtre.

Il prendra le chemin à droite entre le parc n° 39 et n° 18, *Boucs et chèvres d'Angora*, jusqu'au carrefour où aboutissent différents chemins. Il montera celui à gauche en face de lui, entre les parcs 34 et 33. De là il jouira de la jolie vue qu'offrent les parcs environnants et la pièce d'eau destinée aux oiseaux aquatiques et de rivière, et il arrivera enfin en face de la rotonde des ruminants.

Il longera à gauche une partie du parc n° 35, *Biche munt Jack*, et l'enclos 40, *Hémione*, par une allée qui le conduira à la faisanderie.

Ce joli bâtiment, de forme demi-circulaire, et contenant à la fois des cases couvertes et découvertes, est spécialement destiné aux faisans et aux oiseaux de volière. On y remarque toujours des variétés de faisans et plusieurs oiseaux des contrées tro-

ROTONDE DES RUMINANTS.

picales. Cette volière est toujours visible pour le public.

En prenant à droite, le promeneur repassera entre les parcs n° 40, *Hémione*, et 31, *Oies*; et il se trouvera en face de la porte de la rotonde consacrée aux ruminants.

Rotonde. Elle est ouverte au public, avec des billets, de 11 à 5 h. en été, de 11 à 4 h. en hiver.

Elle contient, entre autres animaux curieux, la girafe, l'éléphant, le tapir, le kangouro, les zébus.

En quittant la rotonde, le visiteur remarquera le parc des *Rennes*, n° 29; puis tournant à droite du côté du parc 33, et s'engageant ensuite dans l'allée à gauche, il arrivera au parc des *Cerfs communs*, n° 28; il suivra le contour de ce parc, et un peu avant d'arriver au point d'où il est parti, il découvrira les fosses aux ours.

Fosses aux Ours. Ces fosses sont au nombre de trois. On y voit un assez grand nombre d'ours.

Après avoir visité les ours, on doit sortir de la Vallée Suisse par la grille qu'on trouvera à droite dans la direction du quai Saint-Bernard.

Cette grille donne sur le *jardin bas*, qu'on a déjà visité; on côtoiera le bord méridional de la fosse aux ours, pour parvenir au *jardin haut*.

Jardin haut. La première construction qu'on y rencontrera est la serre tempérée destinée aux arbres et aux plantes de l'hémisphère boréal, qu'on y renferme tous les ans depuis le mois d'octobre jusqu'au mois d'avril.

SERRE TEMPEREE.

Vers le mois de mars, époque où la plupart de ces végétaux sont en fleurs, la serre tempérée offre un coup d'œil admirable.

Au sortir de la serre tempérée, le promeneur se retrouve au milieu du chemin montant qui l'y a conduit; il continue de suivre l'allée ascendante, et se dirige à gauche vers l'*amphithéâtre*, où ont lieu des cours des différentes branches des sciences naturelles.

Devant la porte principale de cet édifice s'élèvent deux palmiers éventails (*chamœrops humilis*), envoyés à Louis XIV par le margrave de Psade Dourlach.

AMPHITHEATRE.

Près de là, à droite, on remarquera la maison habitée par l'illustre Cuvier.

MAISON DE CUVIER.

Le promeneur doit faire le tour du parterre contigu à l'amphithéâtre, et, suivant avec attention l'itinéraire que le dessin seul peut lui indiquer avec précision, s'engager dans les mille détours du petit labyrinthe. C'est un monticule planté d'arbres verts, parmi lesquels on remarque plusieurs espèces de pins, des cèdres du Liban, des chênes verts, des buis de Mahon, et un petit massif d'*aucuba* du Japon, dont les feuilles épaisses sont parsemées de taches jaunes. Le haut offre une esplanade d'où le point de vue est fort beau.

Le grand labyrinthe offre d'abord, lorsqu'on y monte, le cèdre du Liban entouré d'un banc de pierre. Cet arbre, le premier de son espèce qui ait paru en France, fut rapporté d'Angleterre par Bertrand de Jussieu, en 1734; il a donc 107 ans. Au-dessus du cèdre, du côté du midi, sont deux pins à pignons. En suivant les allées qui montent en spirale et font plusieurs fois le tour de la colline, on trouve au sommet un joli kiosque entouré de colonnes de bronze et d'une balustrade. De ce point élevé on découvre une foule de monuments remarquables qu'on peut aller visiter en sortant du jardin. Les principaux sont : la Salpétrière, le Panthéon, les Invalides, la Colonne de Juillet.

A mi-côte, entre le kiosque et le cèdre, on voit une petite enceinte fermée par un treillage : c'est là qu'est le tombeau du savant et modeste Daubenton.

Guidé par les indications du plan, le promeneur arrivera aux pavillons. Ce sont deux constructions quadrangulaires entièrement composées de fer et de vitres.

A droite, s'étendent les serres courbes reconnaissables à leur forme ; et à gauche, les serres Buffon, Baudin et Philibert.

Le promeneur qui vient des serres descend l'allée aux pins d'Italie, tourne à droite, longe le côté méridional de la grande serre, et arrive en face de l'une des portes d'entrée du Cabinet d'histoire naturelle.

Cet établissement est ouvert au public, les mardis et vendredis, de 2 h. à 5 en été, et de 2 h. jusqu'à la nuit en hiver.

Les personnes munies de cartes peuvent le visiter les lundis, jeudis et samedis, de 11 h. à 2.

GALERIES DE MINERALOGIE.

Le promeneur, traversant ensuite la cour du Cabinet et se dirigeant à droite, passera devant l'ancien logement de Buffon, et, rentrant dans le jardin bas, visitera les nouvelles galeries de minéralogie, de géologie et de botanique, et la bibliothèque.

Les nouvelles galeries sont ouvertes de 11 à 3 h., les lundis, jeudis et samedis, pour les personnes munies de cartes.

La bibliothèque est ouverte de 11 à 3 h. en été, tous les jours, sauf le dimanche; en hiver, les mardis, jeudis et samedis.

Après avoir visité les nouvelles galeries, le promeneur pourra errer dans les carrés du jardin bas; il verra toujours devant lui, au levant, la porte d'Austerlitz; au couchant, le Cabinet d'histoire naturelle et la sortie par la porte Saint-Victor. Mais s'il tient à se reposer, il doit suivre l'allée des tilleuls, qui commence devant la porte de l'amphithéâtre, et, remontant le quai, il trouvera à mi-chemin un café.

FIN.

TABLE

DES MATIÈRES.

Pages.
Avertissement à Messieurs les promeneurs français.................................. 7
Avertissement à Messieurs les promeneurs anglais................................... 10

Pages

Avertissement à Messieurs les promeneurs allemands.................... 13

Physiologie du jardin.................... 15

Fondation du jardin.................... 61

Étendue.................... 62

Utilité et agrément.................... *ib.*

Richesses.................... 64

Personnel.................... *ib.*

Matériel.................... 65

Promenades.................... 67

Itinéraire.................... 71

Vue de la grille.................... 72

Vue du carré des plantes.................... 73

Loges des animaux féroces.................... 75

Singerie.................... 77

Faisanderie des carnassiers.................... 78

Rotonde des ruminants.................... 83

	Pages
Serre tempérée	85
Amphithéâtre	86
Maison de Cuvier	87
Galeries de Minéralogie	89

FIN.

L. CURMER, 49, rue de Richelieu,
AU PREMIER.

LE JARDIN DES PLANTES

Description complète, Historique et Pittoresque

DU MUSÉUM D'HISTOIRE NATURELLE, DE LA MÉNAGERIE,
DES SERRES, DES GALERIES DE MINÉRALOGIE ET
D'ANATOMIE, DE LA VALLÉE SUISSE, ETC ;

PAR MM.

P. BERNARD ET L. COUAILHAC,

Et MM. les Aides Naturalistes ou Préparateurs
AU MUSÉUM D'HISTOIRE NATURELLE.

Le *Jardin des Plantes* forme UN magnifique volume grand in-octavo, imprimé avec le plus grand luxe, et illustré :

Par des vues pittoresques des parties les plus remarquables du jardin ;

Par des *Gravures sur acier coloriées à l'aquarelle*, représentant les plus jolis oiseaux et les plantes qu'ils affectionnent ;

Par des vues des fabriques, monuments, sites ;

Par des ornements dessinés d'après nature par M. A. FÉART et BELAIFE, et gravés sur bois;

Et une multitude infinie de figures d'animaux, de végétaux, de minéraux;

Précédé d'un superbe frontispice dessiné et gravé par M. A. FÉART, et d'un splendide portrait de G. CUVIER, dessiné par M. MAURIN, et gravé sur acier par madame FOURNIER, avec encadrement d'A. FÉART;

Et accompagné d'un plan topographique du jardin, dessiné par M. BÉLOFE, contrôleur des bâtiments du Muséum.

CONDITIONS DE LA SOUSCRIPTION.

L'ouvrage ne forme qu'UN SEUL VOLUME, terminé au mois de novembre 1841, et paraît par livraisons, le jeudi de chaque semaine, à 30 centimes, à partir du 23 juin 1841.

L'ouvrage complet coûtera 15 francs, quel que soit le nombre des livraisons; *le prix sera augmenté après la fin de l'ouvrage pour les personnes qui n'auront pas souscrit, et porté à 25 francs.*

Chaque livraison contient huit pages de texte, une gravure séparée, TANTÔT sur bois, TANTÔT sur acier, TANTÔT coloriée à l'aquarelle, et une quantité de gravures sur bois et une BELLE COUVERTURE.

Paris. — Typographie Lacrampe et Cie, rue Damiette, 2.

www.ingramcontent.com/pod-product-compliance
Lightning Source LLC
LaVergne TN
LVHW052102090426
835512LV00035B/944